Schriften des Geschichts- und Museumsvereins Lohr a. Main
Folge 23 - 1989

Gedächtnisausstellung

# Matthäus Schiestl

1869 - 1939

Bilder aus Privatbesitz

Spessart-Museum
im Schloß zu Lohr a. Main
24. März bis 15. Mai 1989

© by Geschichts- und
Museumsverein Lohr a. Main
Vertrieb:
Reinhart von Törne, Lohr a. Main
Graf. Gestaltung und Satzherstellung:
Ernst-Ludwig Ambrosius, Gemünden a. Main
Druck:
Echter-Verlag, Würzburg
ISBN: 3-9800281-5-1

# Inhalt

# Das Zeitgemäße des Unzeitgemäßen

"Matthäus Schiestl beginnt seine Mission zu erfüllen",leitete Cajetan Oßwald 1924 seine Herausgabe der Zeichnungen ein,nachdem ihn offenbar der große Erfolg seines zu Weihnachten 1921 erschienenen Schiestl-Buches mit der dritten Auflage überrascht hatte.Doch diese prognostizierte "Mission" erfüllte sich nur begrenzt,das Motto des Verfassers "Schlicht Wort und gut Gemüt/Ist das echte deutsche Lied" hatten die Schrecknisse eines Weltkrieges hinweggefegt. Was den Überlebenden von Matthäus Schiestl blieb, waren weniger prägende Erinnerungen an Ritter, Heilige, Bauern und Hochalpen im flächendeckenden Bildaufbau und kraftvollen Kolorit in den bürgerlichen Wohnzimmern der Vorkriegszeit, als die im Gedächtnis stärker haftenden Kindheitseindrücke an die als "Schiestl-Bildchen" bekannten, kleinformatigen Begleiter einer ehemals "heilen Welt".

Technik und Motivauswahl plazierten den Künstler nicht nur in seiner Lebenszeit außerhalb der anerkannten Kunstrichtungen, auch heute nimmt die offizielle Kunstgeschichtsschreibung von ihm wenig Notiz. Doch der bereits seit dem späten 19. Jahrhundert feststellbare Prozeß des Auseinanderdriftens von offiziellem Kunststil und Geschmack eines breiten Publikums hat sich beschleunigt. Die "ländliche Idylle" kannte auch zu Schiestls Lebenszeit ihre Anhänger, heute findet sie als Ausdruck einer gegen den bloßen "Konsum" und die Technikgläubigkeit gerichteten Ideologie zunehmende Wertschätzung. Auch wenn die Idole dieser opponierenden Generation woanders gesucht werden, wirken viele Motive Schiestls wie die programmatische Darstellung der Zivilisationsfluchtbewegung.

So werden möglicherweise Betrachter in Schiestls Werken nicht mehr den früher geschätzten Ausdruck von "gesunder Herbheit und deutscher Innerlichkeit" suchen, sondern die erinnerte Welt einer Natur, Mythen und Gefühl wiederentdeckenden, dem Fortschritt aber immer skeptischer gegenüberstehenden menschlichen Gesellschaft.

Matthäus Schiestl, - der immer Unzeitgemäße außerhalb aller Stilrichtungen-,erfüllt er mit seinen Werken die zeitgemäße Sehnsucht nach der "heilen Welt"?

Diese Frage wird am besten der Besucher einer Ausstellung beantworten können, in der ihm viele Vergleichsobjekte als Kriterium angeboten werden. Fern allen "kommunikativen" Happenings und ziellosen Aktionsbedarfs der modernen Kunstvermarktung ist dabei vor allem die Konzentration des Einzelbesuchers gefordert, um den Werken des stillen und wortkargen Künstlers die jeweilige individuelle Interpretation zu entnehmen.

Im Spessart-Museum war man sich durchaus der Problematik bewußt, diesem in seinem verstreuten Werk nur zu leicht abzuqualifizierenden Künstler eine Gedächtnisausstellung zu widmen. Doch das anstehende Jubiläum und aktuelle Forderungen nach einer größeren Präsentation schufen die Voraussetzungen für ein Projekt, das dank der Mithilfe vieler Sammler realisiert werden konnte, um zwischen den Oster- und Pfingsttagen möglichst vielen Besuchern die "zeitlose" Welt Matthäus Schiestls näher zu bringen. Lohr am Main, die "zweite Heimat" des gebürtigen Österreichers und Stätte seines letzten größeren Werkes, bot sich als Ausstellungsort auch deshalb an, weil auf dem Friedhof des Stadtteiles Sendelbach der einstmals aus dem Zillertal zugewanderte Vater dieser kunstbegabten Familie, Matthäus der Ältere, seine letzte Ruhestätte gefunden hat.

Allen Helfern und Beratern, voran den Herren Udo Kleinfelder, Christoph Schmidt, Werner Seitz und Leo Stock, gebührt Dank für ihren unermüdlichen Einsatz.

Die Ausstellung wäre nicht möglich gewesen ohne die Bereitschaft der Leihgeber, sich für die Dauer der öffentlichen Präsentation sogar von ihren häuslichen Schätzen zu trennen. Ihnen allen, insbesondere Frau Grete Schickedanz, sei auch an dieser Stelle herzlich für die Unterstützung gedankt.

Besondere Erwähnung verdienen die Katalogautoren, von denen Leo Stock die persönlichen Erinnerungen an seinen Onkel beisteuerte, Busso Diekamp auf der Grundlage seiner noch dieses Jahr in den "Mainfränkischen Studien" erscheinenden Dissertation über Matthäus Schiestl den Symptomen der Popularität nachging sowie das Literaturverzeichnis zusammenstellte und Dr. Hanswernfried Muth den Neuabdruck seines immer noch grundlegenden Artikels aus dem Jahre 1977 erlaubte.

Der Geschichts- und Museumsverein Lohr a. Main bezeugte sein fortdauerndes Wohlwollen gegenüber dem Spessart-Museum, indem er den Ausstellungskatalog in seine Schriftenreihe aufnahm und finanzierte.

Werner Loibl

Hanswernfried Muth

# Matthäus Schiestl (1869 - 1939)

Matthäus Schiestl wurde am 27. März 1869 in Gnigl, einem Vorort Salzburgs geboren. Schon nach wenigen Jahren zog er mit den Eltern nach Würzburg, das dem jungen Matthäus zur zweiten Heimat wurde. Salzburg dagegen ist ihm zeitlebens fremd geblieben. Als seine Heimat hat Matthäus - mehr noch als seine Brüder Heinz und Rudolf - stets Tirol, insbesondere das Zillertal betrachtet. Auf die künstlerische Formenwelt des jungen Matthäus hat hingegen Würzburg und Mainfranken entscheidend und bestimmend eingewirkt.

Es war für den jungen Matthäus zunächst selbstverständlich, daß er nach seiner Schulzeit, ebenso wie der ältere Bruder Heinz, Lehrling in der Bildhauerwerkstatt des Vaters wurde, in der er 10 Jahre tätig war. Vom Vater wurden nicht nur Figuren und Reliefs für viele Kirchenausstattungen geschnitzt, sie wurden auch in der Werkstatt selbst bemalt und vergoldet. So lernte Matthäus beim Vater das Handwerkliche. Diese Lehrzeit schon entwickelte in ihm den ausgeprägten Sinn für das Gediegene, das allen seinen Arbeiten zu eigen ist. Zeitlebens rieb er sich die Farben selbst und füllte sie dann in "kleine Schnapsflaschen", wie er sagte. Er malte zumeist auf Sperrholzplatten, die er mit Leinwand überzog und mit einem weißen Kreidegrund vorbereitete. Dies alles hatte er in seiner Lehrzeit vom Vater erlernt. Seine freien Stunden nutzte Matthäus Schiestl eifrig zum Zeichnen und Kopieren. Sein erstes Studienmaterial fand er in der Werkstatt des Vaters. Dieser besaß die biblischen Grafikfolgen von Joseph von Führich (1800 - 1876) sowie die Skizzenbücher des Zillertaler Malers Wechselberger. Außerdem kam in diesen Jahren der Tiroler Franz Plattner (1823 - 1887) nach Würzburg und schuf in der

Michelskirche das große Apsisfresko. Tagtäglich besuchte er seine Landsleute, die Familie Schiestl. Plattner hatte in Rom studiert, war Schüler von Peter Cornelius und mit Friedrich Overbeck, Joseph von Führich und den anderen "Lukas-Brüdern" befreundet. So empfing Matthäus seine ersten nachhaltigen künstlerischen Anregungen aus dem Kreis der Spätromantiker. Die disziplinierte Einfachheit, die naive Strenge und Schlichtheit, die Einbindung aller Bildelemente in die Fläche - diese Stilcharakteristika der "Nazarener" werden für den jungen Schiestl bestimmend.

Doch der Vater besaß auch Pausen nach Dürers Randzeichnungen zum Gebetbuch Kaiser Maximilians. Zudem hatte Heinz Schiestl in der grafischen Sammlung des Martin-von-Wagner-Museums Kupferstiche der Alten Meister gefunden, die von den Brüdern begierig abgezeichnet wurden. Zahlreiche Versuche nach Grafiken Dürers, des Meisters E.S. und Schongauers in den Skizzenbüchern von Matthäus Schiestl bezeugen seine Vorliebe für diese Künstler. In diesem Sinne sind auch die Randzeichnungen gehalten, die Matthäus Schiestl 1889 für die Festchronik zum 1200jährigen Kilians-Jubiläum entworfen hat.

Gemeinsam mit dem Vater und seinem Bruder Heinz - später nahm auch der jüngere Rudolf an den Wanderungen teil - durchstreifte der junge Bildhauer das alte Würzburg und dessen Umgebung. Immer wieder begegnen in seinen Skizzen vor allem auch Werke des vom Vater und den drei Brüdern gleichermaßen verehrten Til Riemenschneiders. Das Denkmal des Fürstbischofs Scherenberg im Würzburger Dom findet sich wiederholt im Skizzenbuch. Oft unternahmen die Brüder tagelange Wanderungen, um einem Riemenschneider-Werk begegnen zu können. In den Pfingsttagen 1889 wanderten sie nach Creglingen, um den Marienaltar Riemenschneiders zu sehen und einzelne Figuren zu zeichnen. Daneben füllte sich Skizzenbuch um Skizzenbuch mit malerischen Winkeln, Türmen und Toren, mit

Photographisches Porträt der Familie Schiestl, Frühjahr 1895.
Vordere Reihe sitzend (von links nach rechts):
Pflegetochter Mathilde, Vater Matthäus, Mutter Maria, geb. Adamer;
hintere Reihe: Matthäus d.J., Heinz, Maria, Rudolf

Dorfkirchen, Grabsteinen und Wappenzierden, mit Wegkreuzen und Bildstöcken. Das alles wird fast ängstlich genau in feinen Umrißlinien festgehalten und mit sauberen Parallelstrichen schattiert. Selten wird daneben ein realistischer Zug deutlich, wenn Matthäus Wanderer und Bauern, alte Leute und Kinder in mehr aufgelockerten, malerisch reicheren Zeichnungen darstellt. Kaum eine Landschaft ist unter den Skizzen der Frühzeit enthalten. Der unmittelbaren Naturwirklichkeit stand der junge Künstler offenbar fremd und unbeholfen gegenüber. Erst eine Reise ins Zillertal im Frühjahr 1890 bringt hierin eine deutliche Wende; Landschafts- und Modellzeichnungen sind die ersten Versuche, die unmittelbare Wirklichkeit künstlerisch zu erfassen. Die feingestrichelte Zeichenmanier weicht jetzt einem breiteren, aber auch kräftigeren Zug. Im September 1890 besuchte Matthäus Schiestl Tauberbischofsheim und sah dort die Kreuzigungstafel Grünewalds - sie wurde erst 1893 an die Kunsthalle in Karlsruhe verkauft. Zutiefst betroffen notierte er in sein Skizzenbuch: "In der schrecklich verrenkten Gestalt keine Spur von Idealismus, ja brutaler Realismus. Denke ich mir dagegen einen Christus wie sie jetzt Mode sind, so bekomme ich einen Widerwillen gegen dieselben. Ebenso stechen die in Schraudolph-Manier ausgeführten Glasgemälde dagegen ab. Mir gefällt das Bild viel besser als der Münchener Grünewald, was daher kommen mag, daß dort zuviel Bilder erster Güte beieinander hängen. Kein Dürer hat mich noch so ergriffen".

In dieser Begegnung wird sich Matthäus seines Zieles, seines Weges, wird er sich seiner selbst bewußt: Er will mehr sein, als ein kopierender Handwerker. Er will Maler werden, um seinen eigenen Gedanken Ausdruck zu geben. Das konnte ihm die väterliche Werkstatt nicht vermitteln und so wurde der Wunsch immer stärker, sich an der Kunstakademie in München weiterzubilden.

Im Herbst 1893 ging Matthäus Schiestl nach München. Auf dem Wege dorthin skizzierte er eif-rig in den Städten und Dörfern Schwabens. Die ersten Monate seines Aufenthaltes in München benutzte er dazu, in der Pinakothek zu kopieren. Aus dem Memling-Altar die Mitteltafel mit der Geburt Christi, von Albrecht Dürer die Bildnisse Oswald Krells und Wolgemuts, auch einige Bilder von Brouwer und Teniers. Erst Ostern 1894 fand er Aufnahme in die Akademie. Er wurde Schüler in der Klasse von Wilhelm von Diez. Dieser war ein ausgesprochener Anhänger des Realismus, der immer wieder auf die Natur als die große und einzige Lehrmeisterin des Künstlers verwies. Matthäus verspürte, wenn auch anfangs widerstrebend, die Wirkungen des unmittelbaren Naturstudiums in dieser Schule. Er merkte wohl, daß er dadurch freier und von den Vorbildern der alten Kunst unabhängiger wurde. Er brauchte aber doch längere Zeit, bis er sich in dieser neuen Situation zurechtfand, sich selbst und seine persönliche Ausdrucksweise neu gewann.

1895, im Todesjahr der Mutter, finden wir Matthäus Schiestl wieder in der väterlichen Werkstatt in Würzburg. Anschließend wendet er sich nach Innsbruck. Dort zeichnet er für eine Glasmalereianstalt, eine Tätigkeit, die seinen Sinn für leuchtende Farben weckte, ähnlich wie die Lehrzeit als Bildschnitzer sein Empfinden für die Ausdruckskraft der Umrißlinie verstärkt haben mochte.

Die Tätigkeit in Würzburg und Innsbruck wirkt wie eine Flucht vor der Kunstakademie, wie eine Flucht auch vor den Kunsttheorien, die seinerzeit in München, besonders seit der ersten Ausstellung der "Secession" 1893, leidenschaftlich diskutiert wurden. Erst 1896 kehrte Matthäus an die Akademie in München zurück. Er besuchte zunächst nochmals die Malerklasse bei Wilhelm von Diez, später die Meisterklasse des damaligen Akademiedirektors Ludwig von Löfftz, in der Schiestl und sein Freund Heinrich Eickmann die einzigen Schüler waren. Ludwig von Löfftz zeigte Verständnis für die Eigenart Schiestls; zwar drang auch er entschieden auf Naturstudium und Naturwahrheit, tadelte seinen Schüler wegen der Buntfarbigkeit mancher Bilder, ließ ihm jedoch im übrigen volle Freiheit. Für Matthäus sind es die Jahre der Reife.

Inzwischen war der jüngste der Schiestl-Brüder, Rudolf, seit Weihnachten 1896 gleichfalls an die Akademie in München gekommen. Die beiden Brüder wohnten zusammen in der Gabelsberger Straße und arbeiteten gemeinsam in einem kleinen Atelier. In eben diesen letzten Tagen des Jahres 1896 kam für Matthäus Schiestl endlich auch die Anerkennung, die ihm seine künstlerische Eigenart bestätigte. Zur alljährlichen Weihnachtskonkurrenz der Akademie hatte Matthäus vier Bilder eingereicht: drei mehr realistische Arbeiten und eine "Verkündigung der Hirten", die wie ein Glasgemälde gestaltet war. Für diesen Entwurf, der keineswegs den Gepflogenheiten der Akademie entsprach, erhielt Schiestl den Ersten Preis. Ein Jahr später zeichnet die Akademie die Bilder "Der junge Dürer" und "Erwin von Steinbach" mit einer Silbermedaille aus, und 1898 erringt Matthäus Schiestl mit einem Dreikönigs-Bild erneut den Ersten Preis.

In diesen Jahren erscheinen in den Skizzenbüchern nun auch jene Bildmotive, die den Maler durch sein ganzes Schaffen begleiten: 1897 findet sich eine "Alpenfee", 1898 folgen "Oswald von Wolkenstein", eine "Flucht nach Ägypten", "Erwin von Steinbach". Im folgenden Jahr formuliert er die Bildgedanken zum "Kardinal", zum Wallfahrer-Bild. Daneben malt Matthäus einige Landschaften mit den für ihn typischen welligen Hügeln, zwischen denen die Fachwerkhäuser und gedrungenen Kirchen sitzen und deren Horizont so hoch gelegen ist, daß dem schmalen Himmelsstreifen mit den schweren Wolkenballen nur wenig Raum am oberen Bildrand eingeräumt wird. Später erst wird die Landschaft durch Figuren belebt. Damit vermittelt sie einen Stimmungsgehalt, der sich in den Gestalten - die oft den Volkssagen entnommen werden- gleichsam verdichtet.

In den Wintermonaten 1899 und 1900 schuf Matthäus Schiestl die großformatigen und großgesehenen Lithografien, die für ihn den Durchbruch bedeuten und die ihn rasch bekannt werden ließen: "Berggeist", St. Christophorus", "Der Einsiedler", "Erwin von Steinbach", "Ulrich von Lichtenstein", "Tod und Wanderer" und "Anbetung der Hirten". Mit der Lithografie "Das Almosen des Armen" schließt 1903 diese Reihe. Karl Muth, der Begründer des "Hochlandes", hat in seiner Zeitschrift nachhaltig auf Matthäus Schiestl und seine Lithografien hingewiesen. In ihnen findet er "eine Kraft des seelischen Ausdrucks, die durch die Herbheit der Form nur an Reiz gewinnt. Gerade diese Herbheit und Derbheit der äußeren Erscheinung vieler Gestalten erhöht die Wirkung ihrer wie plötzlich hervortretenden inneren Welt: das Glück und die Freude der anbetenden Hirten, die einsamkeitsfrohe Strenge des "Berggeistes", die glückliche und versöhnte Heiterkeit des Einsiedlers, die tief mitfühlende Hilfsbereitschaft des einen, die leidvolle Verlassenheit und das gläubige Vertrauen des anderen im "Almosen des Armen", das ist so tief sozial empfunden, daß Schiestl hier alle seine Mitbewerber auf diesem Gebiet hinter sich läßt". (Karl Muth, Matthäus Schiestl, in: Hochland, 5. Jahrgang, München, Oktober 1907).

Es scheint widersprüchlich: Gerade über der Arbeit an den großen grafischen Blättern hat Schiestl zugleich einen neuen Zugang und ein neues Verhältnis zur Farbe gefunden. Die sieben Lithografien aus dem Jahre 1900 wurden noch auf zwei Platten gedruckt, das "Almosen" von 1903 bereits in fünf Farben. Der "Kardinal", ursprünglich ebenfalls für den Steindruck gedacht, wurde 1904 als Tafelbild ausgeführt. Matthäus Schiestl verwendet in diesem Bild nur wenige Farbtöne. Zum dunklen Braun des Kirchengebäudes, zum dumpfen Rotbraun der Giebeldächer kontrastiert das helleuchtende Purpurrot des Kardinals. Schiestl steigert durch diese starke Lokalfarbe die innere Monumentalität der Gestalt. Erst in den späteren Jahren wird seine Palette farbiger, freundlicher, lyrischer.

Die "monumentale Einfachheit" in Schiestls Steindrucken und Tafelbildern der reifen Zeit hat Karl Muth bereis 1907 gerühmt: "Es finden sich darin Ansätze zu echtester Monumentalität bei gleichzeitiger Wahrung der Intimität wie bei keinem anderen zeitgenössischen Kirchenmaler ... Es wäre sehr zu wünschen, daß dem Künstler auf diesem Gebiete Aufgaben gestellt würden, Aufgaben aber, die ihn freiließen in seiner Eigenart, ohne Zwang sich historischen Stilen anzupassen". (Karl Muth, Matthäus Schiestl, in: Hochland, 5. Jahrgang, Oktober 1907). Matthäus Schiestl hatte breits 1896 die beiden Wandbilder mit Szenen aus dem Leben des Hl. Burkard im Chor der Burkarduskirche in Würzburg gemalt, im gleichen Jahr, als er gemeinsam mit seinem Bruder Heinz einen neuen Hochaltar für die Kirche schuf. Eine ähnliche Aufgabe stellte sich ihm mit den beiden großen Tafelbildern für das Querschiff der Marienkirche in Kaiserslautern, "Maria Königin aller Heiligen" und einem Weihnachtstriptychon, die den Künstler 1904 - 1906 beschäftigten. 1909 malte Matthäus Schiestl die Wandfresken im Chor der Bennokirche in München. Am bedeutsamsten ist jedoch das Apsisgemälde in der ehemaligen Abteikirche in Neustadt am Main, das Matthäus Schiestl 1920 schuf. Gemeinsam mit seinem Bruder Heinz hat Matthäus 1917 das Schloß Mainberg bei Schweinfurt ausgestaltet. Ihm wurden die Wandbilder übertragen, die Ereignisse aus der Geschichte des Schlosses in teppichartigen Bildfriesen schildern. Eine ähnliche Aufgabe war ihm gestellt, als er die Villa Kaiser in Waldniel bei Mönchengladbach ausmalte. Für den Hochaltar der Johanniskirche in Freising malte Schiestl 1911 sieben Tafelbilder, davon eine besonders innige Anbetung des Kindes. Im gleichen Jahr noch entstehen drei Altäre für die Elisabethkirche in Bonn.

Schiestl war kein schneller Maler, sondern ein stetiger, beharrlicher Arbeiter. Er besaß ein gründliches handwerkliches Wissen und dekoratives Geschick, so daß es ihm möglich war, die gestellten Aufgaben zu lösen. Dennoch suchte er sich solchen Auftragsarbeiten zu entziehen. Sich den Wünschen der Auftraggeber und den örtlichen Gegebenheiten anzupassen, fiel dem wortkargen Künstler schwer. Es drängte ihn vielmehr, seinem Empfinden in kleineren Tafelbildern und in großformatigen Zeichnungen Gestalt zu verleihen. Schiestls Bildwelt ist in sich geschlossen, doch vielgestaltig. Das Kindliche, Herzliche, das Fromme und Innige ist nur ein Thema seiner Kunst. Die Sagen- und Märchenmotive verbinden sich mit eigenem Erleben: "In Italien" nennt Schiestl ein Motiv, das er immer wieder aufgegriffen hat. Es ist aus zwei Erlebnissen entstanden. Auf einer gemeinsamen Italien-Fahrt im Jahre 1901 skizzierte Matthäus seinen Bruder Rudolf, der zeichnend auf einer Mauer saß. Die bettelnde Frau aber, die ihr Kopftuch dem frierenden Jungen um Kopf und Hände schlingt, sah er in der Kirche in Arezzo. Als Matthäus 1903 wieden in Italien weilte, wurde er sich des bedrückenden Gegensatzes zwischen der Armut der einheimischen Bevölkerung und dem Unbekümmertsein des reisenden Künstlers bewußt. Dieser Gedanke und das um Jahre zurückliegende Erleben verbindet sich zu einer Bildidee, die 1907 ihre endgültige Fassung fand. Matthäus Schiestl, vielen nur Maler einer heilen Märchenwelt, hat in seinen Gemälden, mehr noch in seinen Zeichnungen, Not und Leid nicht verleugnet. Das Bild des Todes hat ihn zeitlebens begleitet. Der Tod kommt als Freund, er kommt als Kind und Spielgeselle, als Weggenosse und Spielmann, Oft verbirgt sich ein Grauen hinter einer, oberflächlich betrachtet, humoristischen Erzählung, doch immer bleiben Schiestls Totentanzszenen frei von anklagender und hoffnungsloser Bitterkeit.

Matthäus Schiestl, dem 1912 der Titel eines Professors verliehen wurde, war rasch zu einem geradezu volkstümlichen Maler geworden. Dennoch lebte Schiestl selbst mitten in der Großstadt München als ein Einsamer, ähnlich den Einsiedlern seiner Bilder. Ein Besuch aus Sachsen schildert anschaulich eine Begegnung mit dem Maler: "Da standen wir nun damals 1928 in der Giselastraße und sahen einander an: Er, der alte Junggeselle, sicher erstaunt, und wir, ebenso erstaunt über den schlichten alten Mann. Ringsum in seiner Wohnung Bauernschränke mit schönen derben Farben, an den Wänden alte Bilder, auf den Wandbrettern altertümlicher Hausrat, auch gotische und barocke Holzheilige und Schnitzereien und, mittendrin, selbst ein Stück alten Malertums, tief und ernst wie ein Schongauer oder Wohlgemuth gewesen sein mögen, mit seinem Bauernkopf, der stille Maler. Ein großer Schweiger, langsam, bescheiden, etwas ängstlich". Immer häufiger zieht es Matthäus Schiestl hinaus in sein kleines Haus am Waldrand bei Peiß, oder in das Zillertal, wo er sich 1906, in Greideregg am Schwendberg, nahe beim Hof des Großvaters, jenes Blockhaus erbaut hatte, das besonders in seinen Weihnachtsbildern immer wiederkehrt. Dazwischen treibt ihn oft urplötzlich aufbrechende Reiselust nach Italien, nach Frankreich, in den Norden oder durch den Balkan nach Palästina und Ägypten. Während in zahllosen Reproduktionen seine Bilder verbreitet werden, wird es um den Maler selbst immer stiller. 1935 beteiligt sich Matthäus Schiestl zum letzten Mal an der Großen Kunstausstellung in München, an der er seit 1897 regelmäßig teilgenommen hatte. "Von deutscher Seele", unter diesen zusammenfassenden Titel hatte man in den Jahren nach dem Ersten Weltkrieg sein Werk gestellt (Richard Braungart, Die drei Brüder Schiestl, München, 1923, S. 96). Er selbst mochte jetzt spüren, daß seine stillen Bilder sich neben den pathetischen, lautstarken Werken einer "arteigenen" Kunst einer "neuen Zeit" allzu fremd fühlen mußten.

Am 30. Januar 1939 ist Matthäus Schiestl in München gestorben. In seiner Kunst, die aus der Tradition erwachsen ist, lebten überlieferte, allgemein menschliche und religiöse Gefühle weiter. Ihnen Ausdruck zu verleihen, war dem Menschen und Künstler Matthäus Schiestl innere Notwendigkeit.

Matthäus Schiestl (1914)
Porträt von Leo Samberger

# Lebensdaten

**1869** *27. März* Geburt in Gnigl bei Salzburg
Vater: Matthäus (d. Ältere), Bildhauer aus dem Zillertal * 1834
Mutter: Maria, geb. Adamer aus Unterlangkampfen * 1837
Bruder: Heinrich gen. Heinz
* 1867 † 1940

**1873** Umzug nach Würzburg, Obere Johannitergasse 11; Vater arbeitet für die mit dem Verlag Leo Woerl verbundene "Anstalt für religiöse Kunst"

**1876** Geburt der Schwester Maria, seit 1905 verheiratet mit dem Kunstmaler und Restaurator Joseph Stock in Sendelbach, seit 1939 Stadtteil von Lohr a. Main

**1878** *8. Aug.* Geburt des Bruders Rudolf

**1881** Hilfstätigkeit in der väterlichen Werkstatt bei Schnitz- und Restaurierungsarbeiten, Fassungen und Vergoldungen
Nachzeichnen von Graphiken aus väterlichem Besitz, insbesondere Nazarener

**1888** *9. März* 1. nachweisbares Skizzenbuch mit Eindrücken von Wanderungen in der Umgebung Würzburgs

**1889** Randzeichnungen für die Festchronik zum 1200jährigen Kilians-Jubiläum
*Pfingsten* in Creglingen am Altar Tilman Riemenschneiders

**1890** *Frühjahr* im Zillertal mit Versuchen der Landschaftsmalerei im Skizzenbuch
*Sept.* in Tauberbischofsheim an der Kreuzigung Matthias Grünewalds

**1892** fränkische Wappenkunde im Skizzenbuch

**1893** *Herbst* Umzug nach München
Kopieren in der Pinakothek bis zur Aufnahme in die Akademie

Eintritt in den Albrecht-Dürer-Verein, Nachwuchsorganisation der Deutschen Gesellschaft für christliche Kunst

**1894** *Ostern* in der Akademie bei Wilhelm von Diez

**1895** *Juli* Tod der Mutter in Würzburg, vorher Familienphoto und Aufenthalt in Franken

Zeichner in der Tiroler Glasmalereianstalt in Innsbruck

**1896** *Herbst* Heinz übernimmt Werkstatt des Vaters und stattet unter Mitwirkung Matthäus' den Hochaltar der Burkarduskirche in Würzburg aus (Altargehäuse Franz Driesler aus Lohr a. Main), dort Wandfresken von Matthäus
eigenes Atelier in der Gabelsbergerstraße in München gemeinsam mit Bruder Rdolf

*Dez.* "Verkündigung der Hirten" erhält ersten Preis in der Weihnachtskonkurrenz der Akademie

**1897** Meisterschüler bei Ludwig von Löfftz

1. Beteiligung an der Großen Kunstausstellung in München mit der Chromolithographie "Anbetung der Hirten" und zwei Glasfensterentwürfen

Mitglied der "Rossperger" in Unterdürrbach am Main

1898 freier Künstler in München
Werke: Die drei Könige, Alpenfee, Oswald von Wolkenstein, Flucht nach Ägypten, St.Rasso, Hl. Florian, Der betende Bauer

1899 An der Lahn und in der Rhön

*Winter* Durchbruch mit 7 Großlithographien: Der Alte vom Zillertal, Christophorus, Einsiedler, Erwin von Steinbach, Ulrich von Liechtenstein, Tod und Wanderer, Anbetung der Hirten
Motiv: Die Wallfahrer (1899-1918)

1900 Fresken in der Annakapelle in Burrweiler (Pfalz) und in der Pfarrkirche St. Jakob in Germersheim

1901 in der Pfalz und im Maintal
mit Bruder Rudolf in Italien

1902 Beteiligung am Wettbewerb für die Freskierung des Rathaussaales in Wasserburg am Inn

Gründungsmitglied beim Verein für Volkskunst und Volkskunde in München, heute: Bayerischer Landesverein für Heimatpflege e.V.
Wandbild in der Stiftskirche in Landau

1903 Mitgliedskarte des Vereins für Volkskunst und Volkskunde

Werke: Das Almosen des Armen, Dürer bei Sulzfeld, beide von fünf Platten gedruckt

In Italien (Florenz, Arrezzo, Ravenna, Perugia, Rom, Pisa, Padua, Venedig, Brescia, Mantua)

1904 Reise nach London

St. Anna-Altar in der Würzburger St. Adalbero-Kirche gemeinsam mit den Brüdern Heinz und Rudolf

1905 Tafelbilder für die Pfarrkirche Maria Himmelfahrt in Kaiserslautern

Werke in Christlicher Kunstausstellung Wien

Reise nach Istanbul und Palästina

1906 Atelier am väterlichen Greideregg-Hof am Schwendberg über dem Zillertal gemeinsam mit Bruder Rudolf, Sommer und Weihnachten fast regelmäßig dort

1907 Motiv "In Italien" nach Abschluß der 6. Italienreise
*Okt.* Karl Muth im "Hochland" über Matthäus Schiestl

1908 Litho "Weihnachtsausstellung"

1909 Wandfresken in der Münchner Benno-Kirche (Kriegsverlust)

1910 Altarbilder im Hochaltar der ehem. Stiftskirche St. Johann in Freising

Selbstporträt

1911 Reise nach Paris
Gründung der Künstlervereinigung "Der Bund"

Beteiligung an der Großen Berliner Kunstausstellung

1912 Titel "Professor"
Kauf des Jägerhäuschens in Peiß "Isinisca"

1913 Christliche Kunstausstellung Paderborn

1914 Reise nach Ägypten und
Süditalien

drei Altäre in der Elisabeth-
Kirche in Bonn (-1921)

1915 *11. März* Tod des Vaters Matthäus
(d. Ältere) in Sendelbach, dort begraben

1917 Wandgemälde in Schloß Mainberg bei
Schweinfurt für Ernst Sachs (Fichtel und
Sachs) (-1918)

1920 Apsisgemälde in der ehemaligen
Abteikirche Neustadt am Main

1921 *Dez. 1.* Auflage Cajetan Oßwald
"Matthäus Schiestl"

1923 Farbdruck "Der heilige Wendelin", Auflage
1400 Stück

Richard Braungart "Von deutscher Seele"

1924 Cajetan Oßwald-Buch "Matthäus-
Schiestl-Zeichnungen"

Wandbilder im Haus Clee in Waldniel bei
Mönchengladbach für Hermann-Josef
Kaiser (Kaiser's Kaffee)

1925 Biennale in Rom

1927 Ausstattung der Pfarrkirche St. Sylvester
München (-1931)

1928 Schiestl-Buch "Bauern, Ritter und
Heilige"

1930 Altarbilder im Mariannhiller
Missionshaus in Würzburg

1931 *30. Nov.* Tod des Bruders Rudolf in
Nürnberg, dort begraben

1933 Altarbilder im Steyler Missionshaus
St. Wendel

1935 Reise nach Dresden
letzte Beteiligung an der Großen Kunstausstellung München

1936 Altar in der Evangelischen Auferstehungskirche in Lohr a. Main
(-1938), letztes ausgeführtes kirchliches
Auftragswerk

1939 *30. Jan.* Tod in München
*2. Febr.* Begräbnis im Münchner
Waldfriedhof

# Begegnungen

**Leo Stock** (Jg. 1908), einziger noch lebender Sohn der Schwester Matthäus Schiestls, Maria (1876 - 1918), die in Sendelbach (seit 1939 ein Stadtteil von Lohr a. Main) mit dem Kunstmaler und Restaurator Joseph Stock (1862 - 1936) verheiratet war, erinnert sich an seinen Onkel:

Matthäus Schiestl, der Bruder meiner Mutter, war mit unserer Familie in großer Herzlichkeit verbunden, zumal sein Vater nach dem Tod der Großmutter bei uns wohnte.
So war er bei uns stets ein willkommener und gern gesehener Gast. Er verehrte seinen Vater und sah in ihm das große Vorbild.
Er holte sich stets Rat bei ihm, auch dann noch, als er seinen Vater in seinem künstlerischen Schaffen weit übertroffen hatte. Als sein Vater am 11. März 1915 starb, sagte er: "Unser Vater war zu gut für diese Welt."

In den 20er Jahren arbeitete Onkel Matthäus in der nahegelegenen Kirche des ehemaligen Benediktiner-Klosters Neustadt am Main, wo er die Apsis ausgestaltete. Während dieser Zeit war er häufig bei uns in Sendelbach zu Besuch.

Manchmal mußte er auch kurzfristig den Termin verschieben, so am 15. September 1917, als er dem Vater aus München schrieb:
*"L:J. Nun sollte ich in Sendelbach sein, bin aber in Bamberg. Ich mache am Montag mit meinem Architekten eine Reise um Wandgemälde anzuschauen. In München soll ein 4 m hoher Bischof gemalt werden. Dann komme ich aber endgültig und gehe nicht bis alles fertig ist."*
Mathes, wie ihn der Vater nannte, erzählte in dieser Zeit auch, daß er einen Kreuzweg malen solle, dazu aber keine Neigung verspüre. Später berichtete er, der beharrliche Pfarrer habe ihm einen sehr hohen Geldbetrag geboten, wenn er sich für diesen Auftrag bereit erklären könnte. Onkel Matthäus aber lehnte wiederum ab und meinte, die Leute würden ihn dauern, die das bezahlen müßten. Er ließ sich weder durch Geld noch durch gute Worte zu einem Auftrag drängen, wenn er innerlich dazu nicht bereit war.

Aufgrund des Berufes meines Vaters waren die Verbindungen des Onkels in München auch in Franken hilfreich:
*"Lieber Joseph! Nun weiß ich doch wer der Referent für Franken ist! Schuderer. Der hat d. Restaurierung der Frauenkirche im letzten Jahr geleitet*

u. gilt als Autorität. Schreib ihm vielleicht wenn Du zu Treffen bist, sonst kommt er hinüber und findet niemand daheim. Ist ein ganz gemüthliches Mandl. Bin froh, daß es nicht der Marxmüller ist. Der wollte in d. Künstlerverein Bund aufgenommen werden, wir haben ihn aber abgelehnt. Da entsteht natürlich eine Mißstimmung. Mit herzl. Grüßen an dich u. alle im Haus besonders Leo", schrieb Onkel Matthäus an den Vater.

An Äußerlichkeiten lag ihm absolut nichts. Als er einmal beim Kommerzienrat Kaiser erscheinen sollte, um dessen Villa in Waldniel, Niederrhein, auszumalen, erklärte der Auftragsvermittler Herr Goldkuhle in Bonn, daß er in diesem schäbigen Anzug unmöglich dort vorstellig werden könne. Hier zeigte sich Onkel Matthäus einsichtig und kleidete sich neu ein. Als während der Arbeiten in der Villa der Wein im Keller ausging, legte er dem Hausherrn als leise Mahnung eine Zeichnung vor, auf der eine leere Weinflasche mit der Aufschrift: "Herr, Sie haben keinen Wein mehr!" zu sehen war.

Auch aus dieser Zeit hat sich ein Brief an meinen Vater erhalten. *"Lieber Joseph! Ich bin schon seit einiger Zeit wieder in München, ich hatte Gepäck u. da konnte ich nun in Sendelbach nicht aussteigen. Ich fahr aber noch einmal ins Rheinland, wenn die Fenster u. Möbel im Zimmer sind, dann ist noch einiges zu stimmen u. fertigzumachen, vielleicht daß ich dann komme.*
*In München war in d. letzten Zeit großer Betrieb wegen d. Museumseröffnung, war auch ein schöner Festzug. Bin auch ganz zufrieden, daß ich kein Schloßherr mehr bin, es ist so auch ganz nett. Da unten habe ich freilich prächtig gewohnt und gelebt, aber man ist so abseits von aller Kunst und das vermisse ich halt doch auf die Dauer. Nun ist wohl auch bei Euch wohl der Mai gekommen, hier ist nun auch alles grün und die Vögel singen.*
*Du bist scheints ganz berühmt in der Theatermalerei, da du dauernd nach auswärts mußt. Es ist aber auch eine interessante Arbeit und ich meine da eignest du dich gut dafür.*

*Ich male nun wieder Bilder u. habe manches gelernt bei der großen Arbeit. Habe alles in Tempera gemalt, das passt mir doch besser als Kasein u. ist ein edleres Material. 10 Eier, 1 Ei (Maßeinheit) Lein Öl u. venetian. Terpentin, warm zusammen, 2 Eier Alkohol u. Wasser zusammen. Ich hab's auch mit Karbol probiert, aber da werden die Farben lange nicht so schön."*
Das war typisch für den Onkel, daß er Ei-Tempera dem Kasein vorzog. Daß die Mischung stimmt, habe ich selbst ausprobiert.
Während meiner eigenen Ausbildungszeit in München zeigte sich mein Onkel stets als väterlicher Freund und Helfer. Immer fand ich bei ihm Rat und Hilfe. Ich wußte mich in seiner Wohnung in der Hörwarthstraße 20 gern gesehen, obwohl er mir manchmal auch durch eine schnelle Postkarte absagen mußte:
*"Lieber Leo, ich wollte dich noch einmal einladen vor d. Reise. Aber ich hab in dieser Woche so viel zu thun, daß es nicht geht. Abends muß ich Rahmen malen, da feiern wir Weihnachten, wenn du wieder kommst."*

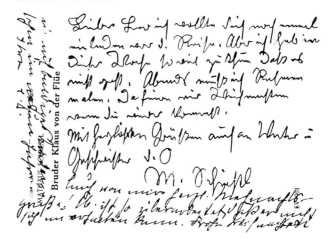

Manche Zeit hieß es sogar, daß er so überarbeitet sei, daß er sich nicht unterhalten könne. Als ich ihn einmal beim Lesen einer Kritik über eines seiner Bilder antraf und ihn fragte, ob er denn beim Malen an all das gedacht habe, was der Schreiber

herauszulesen glaubte, meinte er:" Dann wäre das Bild ganz sicher nichts geworden."
In der Hörwarthstraße konnte ich auch seine Besucher kennenlernen, so im Februar 1936 den Kunstmaler Hans Huber-Sulzemoos, den mir der Onkel vorstellte.

In den 30er Jahren übertrug man ihm den Auftrag, das Altarbild der Lohrer Auferstehungskirche auszuführen. Er sagte damals freudig zu, da er Lohr stets als seine zweite Heimat betrachtete. Die Verhandlungen wurden von dem damaligen Pfarrer der Deutschhauskirche in Würzburg, Herrn Schmerl, geführt. Der Meister erklärte sich sofort bereit, obwohl man zuerst in Erwägung gezogen hatte, den ganzen Chor der Kirche mit Fresken auszumalen. Man entschied sich jedoch endlich für einen Flügelaltar. Nach mehreren Entwürfen bezüglich der Formen, Farben und Kompositionen einigte man sich auf die heute noch vorhandenen Bilder. Die vier Flügelbilder

*München 14 Dez. 1937*

*Lieber Leo!*

*Am nächsten Montag komme ich wahrscheinlich mit m. Bildern nach Lohr. Ich schaffe noch fest daran, hoffe aber bis dort fertig zu sein.*
*Lange werde ich freilich nicht in Sendelbach bleiben, ich möcht an Weihnachten wieder hier sein. Und z. Heinrich muß ich ja auch auf d. Heimweg. Wahrscheinlich lasse ich mir d. Bilder wieder schicken wegen Vervielfältigung. Muß aber erst mit d. Herrn Dekan darüber reden.*

*Mit herzl. Grüßen auch Glückwünsche v.*
*Matthäus*

*Herzlich Grüße an Firm u. Familie!*

sind auf Sperrholzplatten gemalt. Ausgeführt wurden sie in dem Münchner Atelier in der Hörwarthstraße. Am 14. Dezember 1937 schrieb mir der Onkel:
*"Am nächsten Montag komme ich wahrscheinlich mit m. Bildern nach Lohr. Ich schaffe noch fest daran, hoffe aber bis dort fertig zu sein.*
*Lange werde ich freilich nicht in Sendelbach bleiben, ich möcht an Weihnachten wieder hier sein. Und z. Heinrich muß ich ja auch auf d. Heimweg. Wahrscheinlich lasse ich mir d. Bilder wieder schicken wegen Vervielfältigung. Muß aber erst mit d. Herrn Dekan darüber reden."*

Tatsächlich hat er die vier Flügelbilder sich von mir wieder nach München schicken lassen, was im März 1938 erfolgte.
*"Lieber Leo. Die Bilder sind gut angekommen. Wenn sie wieder zurückgehen, werde ich sie an dich adressieren, dann kannst sie gleich vom Bahnhof in d. Kirche schaffen.*
*Wenn ich fertig bin u. d. Bilder beim Klischeemann, dann fahr ich nach Tirol u. komme im Anfang April wieder nach München zurück.",* schrieb er mir am 11. März 1938.
Das große Mittelbild für diesen Altar entstand vorher bei uns in Sendelbach.

Bei der Einweihung saß Onkel Matthäus bei den Ehrengästen neben der damaligen Frau Bürgermeister Wetzel. Anschließend meinte Frau Wetzel zum Küster, man hätte ihr den Künstler doch einmal vorstellen können. Sie bekam zur Antwort, daß er doch neben ihr gesessen hätte. Ihr Kommentar lautete: "Was, dieser einfache Bauer war der Schiestl!"
Auch dieser Vorfall spricht für die Bescheidenheit und stete Zurückhaltung seiner Person, die sein Wesen für mich so liebenswert machten. Er hielt sich stets im Hintergrund und ließ seine Arbeiten sprechen.
Der Lohrer Altar war sein letztes größeres Werk. Am Lichtmeßtag des Jahres 1939 wurde er in der Künstlerabteilung des Münchner Waldfriedhofes beigesetzt.

**Cajetan Oßwald** bemerkte in dem 1924 erschienenen Matthäus Schiestl-Zeichnungen-Buch: Eine neue Galerie zu besuchen ist für Schiestl, wie er sagte, immer ein hoher Genuß. In einem Briefe vom 7. September 1921 an den Verfasser heißt es: *"Daß es Dir in Berlin gefallen, glaub ich gern. Ich möchte auch wieder einmal die dortigen Museen anschauen. Und auch das Leben dort ist interessant; Ich besuchte seinerzeit abends immer Vorträge. Aber zum Leben ist mir München doch lieber. Da ist man mehr mit der Natur in Fühlung und kann eher hinaus. In Dresden war ich noch nicht und bin froh. Da habe ich doch noch eine große Bildergalerie vor mir die ich noch nicht gesehen.-"*
Bei einem Besuch der Schleißheimer Galerie ging

Schiestl ruhig durch all die prächtigen Säle; erst bei Wolf Hubers Begräbnis, dem Ölberg- und Kreuzigungsbild eines bayerischen Meisters, der Pestis und dem Gladius aus der oberschwäbischen Schule blieb er längere Zeit stehen; aber nur Sebastian Daigs Flucht nach Ägypten zwang ihn zum Skizzieren. Es ist ein Bild kleinster Ausmaße, aber monumentalster Formung. Diese Eigenschaft hat Gewalt über ihn. Deutsche Innigund Sinnigkeit genügen dem Meister nicht. Nach Ausweis des Londoner Skizzenbuches von 1904 beschäftigen ihn in der dortigen Nationalgalerie Fra Angelico und Carpaccio, während das Florentiner Skizzenbuch seine Vorliebe für Hugo van der Goes und Brueghel bekundet.

Der Pfarrer **Karl Josef Friedrich** im sächsischen Seifersdorf bei Radeberg notierte in seinen unveröffentlichten Aufzeichnungen im Jahre 1935:
Vier Jahre später hat er uns dann auch freundlich besucht. Mit einem Geschenkpaket und einer Aktentasche war der Sechsundsechzigjährige still in unser Dorf gewandert. Zuerst war er von München nach Freiberg gefahren, hatte sich diese altertümliche Stadt angesehen und war dann zum ersten Mal in seinem Leben in Dresden gewesen. "Die Galerie in Dresden war mir ein Fest, da war ich ein paar Mal drinnen und vor manchen Bildern bin ich lange gestanden."
Er hatte die Bilder sehr gründlich vor allem auf Maltechnik hin studiert.
Am ersten Vormittag führte ich ihn in die benachbarte Volksschule, in der ich einige Wechselrahmen mit bunten Schiestl-Bildern aufgehängt hatte. An einem schattigen Fleck auf dem heißen Schulplatz versammelten sich die Schulkinder mit den Lehrern, und ich stellte ihnen mit einer kleinen Rede den Münchner Meister vor. Zu ein paar Worten aufgefordert, erwiderte er stockend ein paar Sätze:
"Bin ich halt amal in aner sächsischen Schul. Seid ja brav, Kinder! Malt's denn alle gern? Seid nur fleißig, daß ihr was werdt". Der bescheidene Meister war schwer verlegen.

Alles, was ich ihm zeigte, betrachtete er mit großer Gründlichkeit, langsam und innerlich.
Nach drei Tagen fuhr ich mit ihm nach Dresden zurück, und wir besuchten seinen alten Studienfreund, den Bildhauer Wrba. "Ja Matthes, bist's denn wirklich? An den Augen hob i di kennt, aber wo ist dei Schnurrbart bliebn?" Schiestl: "Als er grau ward, hob i ihn obgschafft".

Drei Jahre später besuchte ich mit Schiestl einmal Isinisca an einem Sonntag. Fünfundzwanzig Kilometer von München aus südlich hatte er ein kleines ehemaliges Jagdhäusl erstanden an der Alten Römerstraße Augsburg-Salzburg. Eine alte Römerstation in der Nähe, deren genauen Ort man nicht kennt, hieß Isinisca. Da hatte er sein Häusl Isinisca genannt, und vierzig Meter der alten Römerstraße gehörten ihm. Vor dem Garten hatte er einen alten römischen Meilenstein aufgestellt, den ein Nachbar besaß. Früh besuchten wir in der Michaeliskirche in München die Messe zusammen. Unterwegs zeigte er mir in der Rosenheimer Straße gegenüber dem Bürgerbräukeller ein Wandgemälde von seiner Hand. Wir fuhren auf der langsamen Lokalbahn mit der sogenannten Schwammerlbahn nach dem Dörflein Peiß. Von dort stapften wir auf schlechtem Weg und über Wiesen eine halbe Stunde lang bis zum Waldesrand.
In Schiestls kleinem Anwesen, das er um 1920 von einem Münchner Jagdliebhaber erwarb, stehen hinter seinem Wohnhaus noch zwei weitere Gebäude. Als wir eintraten, zündete Schiestl eine Kerze an. "Eine Kerze ist so etwas Lebendigs, ich brenn immer eine an, wenn ich komme. Auch wenn ich male, muß immer eine brennen. Abends, wenn ich zur Bahn zurückgehe, brenne ich immer am Fenster eine Kerze an, die leuchtet dann noch immer lang durch die Nacht".
Auf einem bunt bemalten Bauernschrank stand ein alter Holzheiliger, den er auf der Auer Dult um 10,- Mk erstanden hatte. "Am liebsten schrieb ich eine Geschichte über diesen Heiligen, wie er zart in Tilman Riemenschneiders Werkstatt in dem lebhaften Betrieb entsteht, dann jahrzehntelang verehrt wird mit Weihrauch und Kerzen, dann vom Barock auf den Kirchenboden geworfen, dann in der Aufklärung um ein paar Groschen verkauft, dann von der Auer Dult von mir erworben wird und so geht die Geschichte dieses Heiligen immer weiter".
Im Garten um das Haus standen zwei alte Steinkreuze und an einem Baum hing ein altes Marterl. Ein Bauernjunge war in der Nähe mit Pferden verunglückt. Der Bauer schenkte Schiestl für das Marterl eine Fuhre Brennholz, das Schiestl dann selbst spaltete. Hundert Schritt vom Häusl begann der hohe, stille, dichte Wald, den Schiestl so oft gemalt hat.

**Peter Breuer** schildert in seinem Buch "Münchner Künstlerköpfe", das im Juli 1937 im Münchner Callwey Verlag erschien, einen Besuch in der Hörwarthstraße:

Ich wandre durch die winterliche Stille in das neue Schwabing hinaus, dorthin wo die Straßennamen unbekannter werden, wo viel gebaut wurde in den letzten Jahren. Neben den langgestreckten Baublöcken stehen Einzelhäuschen in Reih und Glied, zweistöckig, bescheiden und doch ein bißchen selbstbewußt. Wo ich klingele, zeichnen sich im Geäst der Gartenbäume Starenkästen ab, einzelne ragen gar über des Hauses First und verraten des Bewohners Natursinn für Tier und Pflanze. Ein dunkler Schatten löst sich, ein Mann kommt mit breiten Beinen über den hartgefrorenen Kiesweg, er trägt grobe Schuhe und einen großen, klugen Bauernkopf.
Das ist Matthäus Schiestl, gebürtiger Tiroler aus dem Zillertal, der mittlere der Gebrüder Schiestl, von denen der älteste, Heinz, als Bildhauer in Würzburg wirkt, während der jüngste, Rudolf, der Maler und Zeichner, vor kurzem aus seinem vollen Schaffen und Lehren zu Nürnberg aus diesem Leben schied. Matthäus aber, heute ein 66-jähriger, ist so recht ein Weihnachtskünstler;

man weiß, daß er das Wunder der Heiligen Nacht und das Marienleben immer wieder zum Motiv nahm. So grüßt denn auch, gewissermaßen als Aushangschild, an der Stirnseite des Häuschens eine Muttergottes in Gelb und Rot, ein Hinterglasbild. An der Rückseite aber steht, breit wie ein Bauernbett, im Freien ein gewaltiger Kasten, dessen Deckel ebenso wie alles andere hier im Gärtchen von Reif bedeckt ist. "Das ist meine Farbenkiste", erklärt der alte Mann an meiner Seite in seiner kurzen, bäuerischen Art. Um so beredter nun ist der Inhalt der Truhe, deren Scharniere beim Öffnen vor Frost knirschen. Viele Dutzend Tüten, Büchsen und Gläser sind darin voller Farben, manche in Pulver, andere in Stangen und Hütchen. Aber keine einzige Fabriktube.

Schiestl reibt sich jede Farbe selbst, präpariert die Malbretter, macht sich die Rahmen und verziert sie mit Gravuren und Bemalungen. Das Maltechnische nimmt in seinem Schaffen einen großen Platz ein; neben der Riesentruhe draußen gibt es noch einen besonderen Raum drinnen als Farbküche, wo geleimt, grundiert, geschreinert und experimentiert wird. Er arbeitet hauptsächlich in sogenannter Mischtechnik, d.h. er untermalt in Tempera, isoliert die verschiedenen Schichten mit Harzölen und gutem Firnis und vollendet in Leinöl. Viele Bilder an den Wänden der zwei Vorderzimmer sind vor Jahren und Jahrzehnten begonnen, kommt die richtige Stunde, so arbeitet er weiter daran. Im Hause ist alles ein wenig klein, eng, niedrig, wie in einem Tiroler Bauernhaus.

SV 905 MATTHÄUS SCHIESTL
Regina montium

24

9 Elisabeth-Altar, 1915, St. Elisabeth-Kirche, Bonn

94 Enzian, Greideregg, 1911
93 Alpenfee, 1899
106 Betender Bauer, 1898

107 Alpenzauber, 1909

27

109 Der Schutzengel, 1923
 64 Gertraudenkapelle
    St. Gertrud von Franken, 1912
 13 Missionsmadonna-Altar, 1933,
    Missionshaus St. Wendel

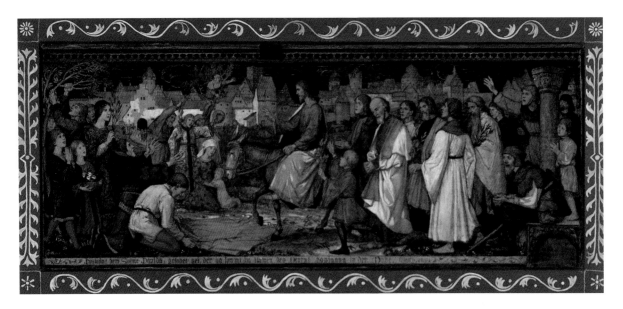

105 Einzug in Jerusalem, 1903        131 Anbetung der Hirten, 1904

72 Zenzi, 1914

135 Mädchen mit Rose

139 Heimwärts

122 Das Haus im Jura, 1909

31

125 Mutter mit Kinder, Greideregg
100 Waldfriede
128 Der Schwerhörige, 1901

77 Überraschung
141 Der Alte vom Zillertal, 1899
89 Der Bildschnitzer

33

69 Mutter mit
Kind im
Ährenfeld

132 Junge mit Lilie
119 Hirtenjunge

35

73  Marieandl und das Vögelein
42  Professor Karl Weinisch, Hof, 1912

110 Legende, 1914

47 Bergkapelle Maria Schnee
95 Verkündigung auf Greideregg, 1915
67 Ein Engelein führt einen Hirten

43 St. Bernward von Hildesheim

90 Hl. Katharina,
     eine Jungrau aus Alexandrien
108 St. Wendel, 1889

136  Einsamkeit, 1924
127  Isar Georgenstein

42

138 Krug mit Äpfeln und Birne

# Katalog der ausgestellten Werke

REPRODUKTIONEN

1 Hochaltar, 1896,
St. Burkard, Würzburg

2 St. Bonifatius, 1897,
Wandgemälde, St. Burkard, Würzburg

3 St. Burkard, 1897,
Wandgemälde, St. Burkard, Würzburg

4 Anbetung der Hirten, 1905,
Triptychon, Marienkirche Kaiserslautern

5 Maria, Königin aller Heiligen, 1906,
Tryptychon, Marienkirche Kaiserslautern

6 Herz-Jesu-Altar, 1907,
St. Adalbero, Würzburg

7 Marien-Altar, 1911,
Johanneskirche vor dem Dom, Freising

8 Marien-Altar, 1911, Rückseite,
Johanneskirche vor dem Dom, Freising

9 Elisabeth-Altar, 1915,
St. Elisabeth-Kirche, Bonn

10 Marien-Altar, 1921,
St. Elisabeth-Kirche, Bonn

11 Joseph-Altar, 1921
St. Elisabeth-Kirche, Bonn

12 Joseph-Altar, 1927,
Herz-Jesu-Kirche, Mariannhill, Würzburg

13 Missionsmadonna-Altar, 1933,
Missionshaus St. Wendel

14 Aussendungs-Altar, 1933,
Missionshaus St. Wendel

15 Auferstehungs-Altar, 1936,
Auferstehungskirche, Lohr a. Main

ORIGINALE

20 Nach Bethlehem, 1912

21 Kirchrimbach mit Einsiedler

22 St. Nikolaus von der Flühe

23 Der Einsiedler, 1893

24 Alte Frau, Diez Schule, 1896

25 Kopie nach Hans Baldung Grien

26 Greideregg

27 Berglandschaft

28 Madonna mit Wappen, 1892

29 Geburt Christi, 1893

30 Madonna und Engel, 1889

31 Entwurf für Klosterkirche Neustadt a. Main

32 Entwurf für Schloß Mainberg, 1917

33 Entwurf: Wie der Zehnt erhoben wurde

34 Madonna, 1895

35 Kopie nach Albrecht Dürer

36 Körperstudie

Busso Diekamp

# Matthäus Schiestls Bilder als populäre Reproduktionsgraphik: Wandbild und kleines Andachtsbild

Über Mainfranken hinaus ist "Matthäus Schiestl" heute nur noch wenigen ein Begriff. Der Name ist zwar in jedem Künstlerlexikon zu finden, in der Kunstgeschichte, der Wissenschaftsdisziplin, die sich mit der Interpretation der bildenden Kunst beschäftigt, findet der Künstler kaum Beachtung, denn als "Stilverspäteter" stand er außerhalb der progressiven, innovatorischen Entwicklungslinie der Kunst. Im Gegensatz zu dieser Nichtbeachtung durch die Wissenschaft steht die Popularität, die das Werk des Künstlers wohl noch über ein Jahrzehnt über seinen Tod hinaus genoß: Bis in die fünfziger Jahre wurden die Brüder Schiestl in den drei großen deutschen Konversationslexika - Brockhaus, Meyer, Herder - genannt - ein Indiz für ihre damalige breite Bekanntheit und Wertschätzung.

Dieses Phänomen läßt Matthäus Schiestl - wenn er denn schon für eine werkimmanente ästhetisierende Betrachtung, die sich an einem imaginären Qualitätsbegriff orientiert, von geringem Interesse ist - zu einem "Fall" für die Kunstsoziologie werden: An Matthäus Schiestls Oeuvre und dessen gesellschaftlicher Rezeption, deren Grundlage die Verbreitung der Bilder durch das Medium Reproduktionsgraphik bildete, läßt sich die gesellschaftlich bedingte Divergenz zwischen Kunst und "Geschmack" exemplifizieren, wie sie vor allem in katholischen Ländern und Regionen in dieser Deutlichkeit erst in der Folge der bürgerlichen Revolution auftritt. Die katholische Kirche wurde durch die Säkularisation aus ihrer Stellung als Mäzen verdrängt. Im kapitalistischen "Nachtwächterstaat" des 19. Jahrhunderts und auch im modernen Sozialstaat westlich-demokratischer Prägung tritt der finanzkräftige Bürger als unmittelbarer Förderer der Kunst auf; Künstler werden vor allem über den privaten Kunsthandel gemanagt. Mit dieser merkantilen Diversifizierung konnte sich die Kunstproduktion von den ästhetischen "Richtlinien" der Kirche bzw. des Staates - im Absolutismus verkörpert in der Person des regierenden Fürsten - emanzipieren. Die Stilentwicklung wurde mit der "Privatisierung" der Kunst forciert; Stilpluralismus, wie er im ausgehenden 19. Jahrhundert und im 20. Jahrhundert allemal herrscht, ist auch Spiegelbild der Marktkonkurrenz. Der Künstler ist nun an keine durch die gesellschaftlichen Großorganisationen - Kirche und Staat - formulierten ästhetischen Konventionen gebunden, trägt damit aber auch die Risiken für seine berufliche Existenz. Das individuelle künstlerische Experiment steht neben den ästhetischen Konventionen und den Moden der Gesellschaft. Die Entwicklung dieser Konventionen und Moden "hinkt" der stilistischen Entwicklung der Kunst hinterher.

Aus dieser gesellschaftlichen Situation der Kunst erklärt sich die zeitgebundene Popularität des Werkes von Matthäus Schiestl: Die Bilder befriedigen die ästhetischen und emotionalen Bedürfnisse der breiten Öffentlichkeit seiner Zeit.

Schiestl wirkte in der Zeit, als Impressionismus, Jugendstil, Expressionismus, Dadaismus und Neue Sachlichkeit jeweils den Fortschritt in der bildenden Kunst in Deutschland angaben - Stilrichtungen, die zunächst nur von den intellektuellen Eliten des Bürgertums rezipiert wurden. Mit seinen romantischen Stimmungen - Sagen-, Märchen- und Heiligenbildern - bleibt Matthäus Schiestl inhaltlich und formal hinter der stilistischen Entwicklung der zeitgenössischen Kunst zurück.

Mitgliedskarte ab 1904 des Vereins für Volkskunst und Volkskunde a.V. in München

Entscheidend für die breite Wirkung des Oeuvre, besonders der Lithographien und kleinen Tafelbilder, war die vermeintlich deskriptive Evidenz: Die Bilder zeigen "Bauern, Ritter und Heilige" (so lautet der Titel eines populären Schiestl-Bilderbuches aus dem Jahre 1928), Sagengestalten und fromme Kinder, die mit der unberührten Natur in Harmonie leben. Diese Bilderwelt steht im Gegensatz zur gesellschaftlichen und technischen Realität der Zeit: Im Deutschen Reich wurde der Anteil der in der Landwirtschaft tätigen Beschäftigten an der Gesamtzahl der Beschäftigten kurz nach der Jahrhundertwende vom Anteil der Industriebeschäftigten überrundet; das industrielle Wachstum führte zur Konzentration des allgemeinen Bevölkerungswachstums in den industriellen Zentren.

Die Realität der modernen Industriegesellschaft wird in Schiestls Bildern konsequent ausgeblendet. Bezeichnenderweise stehen "Großstadt", "Maschinenmensch" und ähnliche Begriffe in der Schiestl-Interpretation zeitgenössischer Kunstkritiker, die sich insbesondere in Zeitschriften und Vereinsorganen, die das gesamte soziale Spektrum der katholischen Bevölkerung ansprachen, einhellig lobend äußerten, für die negativ belegten gesellschaftlichen und technischen Erscheinungen, zu denen Schiestls Lithographien und Tafelbilder eine heile Gegenwelt projizieren. Hinter der "Botschaft" der Bilder tritt die Frage nach der formalen Struktur zurück, obwohl diese Bilder durchaus eine unverwechselbare künstlerische Handschrift zeigen.

Grundlage für die Rezeption des Oeuvre in der breiten Öffentlichkeit bildete die auflagenstarke Reproduktion als Original- und Gebrauchsgraphik, die um die Jahrhundertwende einsetzt: Auf der VIII. Internationalen Kunstausstellung im Glaspalast, 1901, war Matthäus Schiestl mit den Lithographien "Anbetung der Hirten", "St. Christophorus", "Einsiedler", "Erwin von Steinbach", "Ulrich von Liechtenstein" und "Alpenkönig" ("Der Alte vom Zillertal") vertreten, die neben der

Lithographie "Alter Mann und Gevatter Tod" in den Wintermonaten 1899/1900 entstanden waren.

Die Bildmotive spiegeln den mentalen Eskapismus des konservativen Kleinbürgertums und der Landbevölkerung wider, der Schichten, die sich aus diffusen Zivilisationsängsten und aus Furcht vor Proletarisierung in eine romantisch-harmonische Scheinwelt flüchten: Religion, Natur und (deutsche) Nation gehen in Schiestls Bilderwelt eine Symbiose ein, die in der Vergangenheit, im christlichen (konkreter: katholischen) Mittelalter angesiedelt ist: Mensch und Tier halten franziskanisches Zwiegespräch (der Eremit und die Sagengestalt aus dem Zillertal); Christophorus ist der populäre, universale Schutzpatron des Spätmittelalters, der bereits auf einem der frühesten erhaltenen Beispielen der mittelalterlichen Druckgraphik, einem Holzschnitt von 1423 (Buxheimer Christophorus) erscheint; Ulrich von Liechtenstein kündet von christlich sublimierter Minne - auf der Lithographie ist im Hintergrund ein Wegkreuz an der Brücke dargestellt; Erwin von Steinbach vertritt den Anspruch auf die Gotik als eines vollkommenen, christlichen und zugleich deutschen Baustiles; in der Lithographie "Alter Mann und Gevatter Tod" klingt die Todesallegorie der spätmittelalterlichen Bußliteratur (Memento mori, Ars moriendi) an; die "Anbetung der Hirten" ist in "deutsche" Umgebung verlegt: Durch die Stalltür blickt man auf einen "fränkischen" Weiler mit Fachwerkhäusern.

Die Lithographie hatte gerade zu der Zeit, als die Schiestl-Lithographien erschienen, großen Erfolg als künstlerische Drucktechnik. 1896 - zu dieser Zeit besuchte Schiestl noch die Münchener Kunstakademie - wurden in München die Zeitschriften "Simplicissimus" und "Jugend" gegründet, in denen die Jugendstilgraphik als lithographische Reproduktionen vervielfältigt wurde. In den 90er Jahren gelang aber auch Hans Thoma, in dessen künstlerische Nachfolge Matthäus Schiestl von der zeitgenössischen

Kunstkritik gestellt wurde, durch die Verbreitung seiner Lithographien und Algraphien der Durchbruch als "Volkskünstler".

Obwohl Schiestl stilistisch vom Jugendstil kaum beeinflußt wurde, setzte er auf diese Konjunktur der Lithographie als einer publikumswirksamen künstlerischen Drucktechnik, nachdem sein Versuch, sich als Glasmaler in München zu etablieren, gescheitert war.

Die Verbreitung der Thomaschen Druckgraphik erfolgte vor allem über den Verlag Breitkopf & Härtel in Leipzig, bei dem auch einige der genannten Blätter von Matthäus Schiestl als Reproduktionslithographien in der Reihe "Zeitgenössische Kunstblätter" erschienen. Zu Beginn des Ersten Weltkrieges wurden in dieser Reihe auch Schiestls lithographische "Gedenkblätter" "Sanct Barbara, die Patronin der Artillerie 1914/15" und "Der heilige Michael, der Schutzengel des deutschen Heeres" zum Stückpreis von 2 Mark angeboten - markante Zeugnisse für die patriotische Kriegsbegeisterung des katholischen Deutschlands.

Entscheidende Förderung fand Schiestl durch die 1893 gegründete Deutsche Gesellschaft für christliche Kunst in München. Vorrangiges Ziel der Gesellschaft, der Schiestl als ein führender Vereinsfunktionär angehörte, war die Propagierung einer zeitgemäßen katholischen Kirchen- und Devotionalienkunst; die stilistische Erstarrung der spätnazarenischen Kunst und deren Trivialisierung im Devotionalienkitsch sollte überwunden werden. Das künstlerische Ergebnis dieser Gegenbewegung war ein retrospektiver Stilpluralismus: Führende Mitglieder der Gesellschaft waren stilistisch so verschiedene Künstler wie Matthäus Schiestl, der Vertreter der "volkstümlichen" Richtung in der religiösen Malerei, Martin Feuerstein, der sich an barocker Kirchenmalerei orientierte, und Gebhard Fugel, der vor allem durch seine "realistische" religiöse Malerei bekannt wurde, in der - in vermeintlich historisch getreuer Wiedergabe - "Palästina" die Szenerie für die entsprechend gekleideten Gestalten des Alten und Neuen Testaments abgibt.

Mit Eifer widmete sich die Deutsche Gesellschaft für christliche Kunst der Popularisierung dieser religiösen Malerei im Klerus und im katholischen Laienvolk. Seit ihrer Gründung gab die Gesellschaft "Jahresmappen" für ihre Mitglieder - vornehmlich Geistlichkeit und katholisches Bildungsbürgertum im Königreich Bayern - heraus, denen die Reproduktionsgraphiken der Mappen im Folioformat als Bildvorlagen für die ästhetische Erziehung in der kirchlichen Jugend- und Erwachsenenbildung bzw. als religiöser Wandschmuck dienen sollten. Mit dem Vertrieb von kleinen Andachtsbildern, religiösen Wandbildern und religiöser Kleinplastik nach zeitgenössischen und alten Meistern versuchte die Gesellschaft das künstlerische Niveau des Devotionalienhandels zu heben.

In der Jahresmappe 1898 der Deutschen Gesellschaft für christliche Kunst findet sich erstmals eine Reproduktion nach einem Werk von Matthäus Schiestl - die Chromolithographie "Verkündigung an die Hirten" nach einem 1896 entstandenen Entwurfskarton für ein Glasfenster. Bis 1933 war Schiestl mehrmals mit Reproduktionen seiner religiösen Gemälde, vor allem mit Farbreproduktionen seiner Heiligenbilder in den Jahresmappen vertreten. Auch in der Zeitschrift "Die christliche Kunst", dem 1903 gegründeten Vereinsorgan der Gesellschaft, erschien bis 1931/32 beinahe in jedem Jahrgang auf einer der ganzseitigen "Kunstbeilagen" eine Heiligen- oder Weihnachtsdarstellung nach Matthäus Schiestl.

Die genannten Lithographien aus der Jahrhundertwende wurden im "Haupt-Katalog der Gesellschaft für christliche Kunst G.m.b.H." (2. erw. Aufl. 1906/07) als "Original-Lithographien" zum Stückpreis von 20 Mark angeboten, aber auch als "Farbiger Steindruck", d.h. als Reproduktionslithographien, in etwas kleinerem Format (35 : ca. 45 cm) zum Preis von 2 Mark. Ein "Schiestl" war damit für jedermann erschwinglich; insbesondere die frühen Lithographien fanden als "Wandschmuck" weite Verbreitung.

Ein bedeutender katholischer Verlag, in dem Schiestl-Reproduktionen im Wandbildformat erschienen, war die Firma B. Kühlen, Mönchengladbach, seit der 2. Hälfte des 19. Jahrhunderts neben Benzinger & Co., Einsiedeln, und C. Poellath, Schrobenhausen, eine international führende lithographische Kunstanstalt für religiöse Gebrauchsgraphik: Auf Schiestl-Vorlagen beruhen die "Anbetung mit Pfeiferlein", die Brustbilder der heiligen Jungfrauen Agnes, Barbara und Cäcilia und das profane Motiv "Der Erzähler".

Zwischen den Weltkriegen war der Seeverlag H. Schneider in Höchst bei Bregenz der führende Verlag für farbige Schiestl-Reproduktionen im Wand- und Andachtsbildformat; den Höhepunkt - mit Schwerpunkt auf dem kleinen Andachtsbild - erreichte diese Verlagsproduktion um 1930.

Mit dem "Schiestl-Bildchen" erlebte das kleine Andachtsbild im deutschsprachigen Raum seine letzte große Blüte. Die Tradition des kleinen Andachtsbildes läßt sich bis zu gemalten Miniaturen des 14. Jahrhunderts zurückverfolgen, die als mystische Erbauungsbilder in Frauenklöstern dienten. Die drucktechnischen Innovationen des 15. Jahrhunderts - Holzschnitt und Kupferstich - förderten die Verbreitung des kleinen Andachtsbildes. Es kam der durch eine bildhafte religiöse Vorstellungswelt geprägten Andachtspraxis des Laienvolkes entgegen. Einen Höhepunkt erreichte die Verbreitung des kleinen Andachtsbildes in der volkstümlichen Wallfahrt der Barockzeit. In der zweiten Hälfte des 19. Jahrhunderts schuf ein neuerlicher Innovationsschub in der Drucktechnik die Voraussetzung für die mehrfarbige direkte Reproduktion nach Originalgemälden: Mit Hilfe der unterschiedlichen Arten von Autotypien, wie Halbton- und Rasterätzung, konnte nun eine ein- oder mehrfarbige Halbtonfotografie von einem Gemälde drucktechnisch umgesetzt werden. Ohne diese technische Vorgabe hätte Matthäus Schiestls Oeuvre nicht die Popularität, die vom gedruckten

"Schiestl-Bildchen" herrührt, erzielen können.

Während unter den kleinen Andachtsbildern, die von der Gesellschaft für christliche Kunst G.m.b.H. verlegt wurden, ausschließlich Motive mit einer eindeutigen Bildsprache in der Tradition der katholischen Ikonographie zu finden sind - etwa eine Anbetung der Könige oder Heiligendarstellungen, auf denen die Heiligen durch ihre Attribute ausgewiesen sind -, wurde beim Seeverlag jedes beliebige Schiestl-Gemälde, sei es ein Altarbild oder ein kleinformatiges Tafelbild, im Andachtsbildchenformat (Gebetbuchformat: 11 : 6,5 cm, oder in kleinerer Ausführung: 8,5 : 4,2 cm) reproduziert: So zeigen zahlreiche Schiestlsche Landschaftsgemälde, die eine beliebte Vorlage für Andachtsbildchen abgaben, eine Waldkapelle in Alpen- oder Voralpenlandschaft; dieses Motiv, das in der Tradition romantischer Sinnbilder für die Verbindung von Natur, Heimat und Religion steht, evoziert eine diffuse religiös-sentimentale Naturstimmung, der Tradition und Eindeutigkeit der christlichen Ikonographie ist es jedoch nicht verhaftet.

Die Beliebigkeit der Motive wird in der Austauschbarkeit der beigedruckten Zeilen auf den Andachtsbildchen besonders evident: So wurde z.B. ein Gemälde, auf dem der wandernde Jesusknabe auf einem Waldweg dargestellt ist, mit zwei verschiedenen Bildunterschriften als Andachtsbildchen reproduziert, mit der christlichen Botschaft: "Ich bin der Weg, die Wahrheit und das Leben!" (Verlagsnummer SV 450) und mit banaler religiöser "Naturlyrik": "Wenn Frühlingsruf den Tann durchschallt, /Segnet das Christkind den stillen Wald" (SV 500); ausgerechnet im Frühling tritt hier das Christkind auf!

Häufig ist auf den Andachtsbildchen des Seeverlages die Darstellung von "frommen" Kindern in der "heilen" Natur zu finden; und selbst der Gute Hirte wird zum Jesuskind, das an einem Bächlein sitzt und Schafe hütet; im Hintergrund erscheint die obligate Waldkapelle (SV 605 mit dem Titel: "Am Bache sitzt das Jesulein"). Die emotionale Wirkung dieser Bildchen, die affektive Disposition, die mit der Darstellung eines "niedlichen" Kindes beim Betrachter unterschwellig angesprochen wird (Konrad Lorenz' "Kindchenschema"), können hier nicht näher untersucht werden; unmittelbar deutlich wird in diesen Bildchen der Verlust der tradierten christlichen Bilder- und Vorstellungswelt; dagegen hilft auch nicht das Imprimatur, mit dem die Bildchen versehen sind.

Schiestls Andachtsbildchen dienten in beliebiger Motivwahl als religiöses Andenken an den ersten Sakramenteempfang (Beichte, Kommunion, Firmung), an eine Primiz, an eine Volksmission in der Pfarrgemeinde, an eine Wallfahrt oder zur Erinnerung an einen Verstorbenen: Dem Anlaß entsprechend wurden sie auf der Rückseite bedruckt.

Darüberhinaus diente das "Schiestl-Bildchen" auch als "Fleißbildchen" in der sonntäglichen Christenlehre und in der Schule. In dieser Funktion eines pädagogischen Inzentivs fand es über katholische Regionen hinaus Verbreitung im ganzen deutschsprachigen Raum.

In der heutigen, völlig säkularisierten Bilderwelt ist schließlich das Verständnis für die "Botschaft" von Schiestls Schutzengeln und Heiligen, frommen Kindern und Waldkapellen abhanden gekommen; dies wird sicher von vielen Menschen bedauert, denen das "Schiestl-Bildchen" vertraute und geliebte Kindheitserinnerung ist.

*Volksverein für das katholische Deutschland*

*1890 von Ludwig Windthorst gegründet, bezweckt wirtschaftliche Weckung, staatsbürgerliche Bildung, sozialen Ausgleich und religiösapologetische Schulung. Methode der Ar-*

*beit ist die unterrichtliche Durchdringung mit Kenntnissen, Leitsätzen, Überzeugungen und werbende Propaganda durch Konferenzen, Versammlungen, Kurse, Bücher, Broschüren und Flugblätter. Ausgebaut zu planvollem System. Selbständige, einheitliche Organisation, nicht Föderation. Ortgruppen, Stadt-, Kreis- und Landesgeschäftsführung. Ein Vorstand, eine Zentralstelle. Mitglieder i.J. 1912: 728 000. Zentralstelle: M.Gladbach, Sandstr., mit 18 meist in Volkswirtschaft promovierten Dezernenten, größter Spezialbibliothek, Volksvereins-Verlag GmbH, samt Druckerei, 160 Beamten u. Angestellten. Flugbl. 1891/1912: 84 000 000. Verlagsschriften 1897/1912: 4 582 068, davon 2, 6% von 1 - 10 Pf. Vorsitzender: Franz Brandts. Der größte soziale Verein Europas. Das umseitige Titelbild der Vereinszeitschrift zeichnete Matthäus Schiestl (München).*

# Literatur zur Künstlerfamilie Schiestl mit Schwerpunkt Matthäus Schiestl

Zusammengestellt von Busso Diekamp

Aus deutscher Seele. Meister Matthäus Schiestl und die Weihnacht, in: Westdeutsche Arbeiterzeitung, 1934, Nr. 50, S. 279.

Braungart, Richard: Die drei Brüder Schiestl. München, 1923.

Breuer, Peter: Matthäus Schiestl, in: ders.: Münchener Künstlerköpfe. München, 1937, S. 105 - 107.

Buchheit, Gert: Matthäus Schiestl, in: Der Gral. Monatsschrift für Dichtung und Leben, 23. 1929, S. 1073 - 1082.

Cürlis, Hans: Matthäus und Rudolf Schiestl, in: Westermanns Monatshefte, Jan. 1916, S. 661 - 671.

Dettelbacher, Werner: Rudolf Schiestl. Ein fränkischer Künstler. Würzburg, 1981.

Dörfler, Peter: Matthäus Schiestl, ein deutscher Malerpoet, in: Hochland, 19,1. 1921/22, S. 314 - 319.

Doering, O.: Matthäus Schiestl, in: Der Burgwart. Zeitung für Wehrbau, Wohnbau und Städtebau. Zeitung der Vereinigung zur Erhaltung deutscher Burgen, 19. 1918, S. 23 - 28.

Doering: Neue Malereien von Matthäus Schiestl, in: Die christliche Kunst, 16. 1919/20, S. 25 - 36.

Doering O.: Rudolf Schiestl, in: Die christliche Kunst, 191. 1922/23, S. 1 - 21.

Doering, Oscar: Matthäus Schiestl, in: Sächsischer Volkskalender (Sankt-Benno-Kalender des katholischen Volkskalenders für das Bistum Meißen), 76. 1926, S. 68 - 71.

Doering, O.: Matthäus Schiestl. Zu seinem 60. Geburtstag, in: Alte und Neue Welt. Illustriertes Familienblatt zur Unterhaltung und Belehrung, 63. 1929, S. 457 - 463.

Dunin-Borkowski, Stanislaus von: Die hl. Elisabeth von Professor Matthäus Schiestl in der Taufkapelle der St. Elisabethkirche zu Bonn. (Zum 19. November), in: Stimmen der Zeit, 94. 1917/18, S. 218 - 223.

Elsen, Alois: Matthäus Schiestl. St. Christophorus. (Unsere Bildbeigabe), in: Der Gral. Monatsschrift für schöne Literatur, 16. 1921/22, S. 568.

Ettlinger, Max: Matthäus Schiestl, in: Die christliche Kunst, 3. 1906/07, S. 121 - 136.

Festchronik des 1200jährigen St. Kilians-Jubiläums/hrsg. von J.B. Stamminger. Würzburg, 1889.

Finckh, Ludwig: Matthäus Schiestl, in: Frankfurter Zeitung, 66. 1922, Nr. 270.

Friedrich, Karl Josef: Matthäus Schiestl. unveröff. maschinenschriftl. Ms., (vor 1955).

Goertz, Barbara: Die Künstlerfamilie Schiestl. Eine Darstellung des Oeuvre mit vergleichenden Unterrichtsversuchen in der Grund- und Hauptschule. - unveröff. maschinenschriftl. Ms. - Würzburg, Univ., Zulassungsarbeit 1974 (1. Prüfung für das Lehramt an Volksschulen 1974/II)

Hagelstange, A.: Matthäus Schiestl, in: Die graphischen Künste, 27. 1904, S. 5 - 18.

Heilmann, A.: Matthäus Schiestl. Ein deutscher Künstlercharakter, in: Die Bergstadt, 10. 1921, S. 227 - 237.

Heilmann, Alfons: Matthäus Schiestl. Zum Tode des großen Meisters christlich-deutscher Kunst, in: Schönere Zukunft, 14. 1938/39, S. 536f.

Helferich: Schiestl-Schau in Dorfprozelten, in: Aschaffenburger Geschichtsblätter, 24,6. 1932, S. 18- 20.

Hoffmann, Richard: Matthäus Schiestl, in: Die christliche Kunst, 23. 1926/27, S. 355 - 372.

Hoffmann, Richard: Professor Matthäus Schiestl. Ein Gedenkblatt an den verstorbenen Meister, in: Christliche Kunstblätter, 81. 1940, S. 1 - 16.

Huber, Rudolf: Matthäus Schiestl, in: Der Gral. Monatsschrift für Kunstpflege im katholischen Geiste, 8, 1913/14, S. 657 - 664.

Keller, Christian: Die Künstlerfamilie Schiestl, in: Die Scholle, Juni 1932, S. 491 - 504.

Kerstmis. Kleine Verhalen door Lucas Klose. Vrig vertaald door M. S. Teekeningen van Matth. Schiestl. München, 1921

Kielmann, Wilhelm: Rudolf Schiestl. Lohr am Main, 1935. Zugl.: Erlangen, Univ., Diss. 1934.

Kosch, Wilhelm: Matthäus Schiestl, in: Eichendorff-Kalender für das Jahr 1918. Ein romantisches Jahrbuch, 9. Jg., S. 80 - 87.

Kreitmaier, Josef: Charaktertypen neuer deutscher Kunst. 2. Matthäus Schiestl, in: Stimmen der Zeit, 90. 1916, S. 572 - 588.

Lill, Georg: Matthäus Schiestl und Gebhard Fugel (Nachruf), in: Hochland, 36,2. 1939, S. 87f.

Machill, Edith: Matthäus und Rudolf Schiestl. Zwei deutsche Maler, in: Die Bergstadt, 15. 1926/27, S. 252 - 256.

Meissner, R.: Gedanken um Rudolf Schiestl, in: Die christliche Kunst, 23. 1926/27, S. 69 - 74.
Muth, Hanswernfried; Schreyl, Karl Heinz: Die Brüder Schiestl. Eine Künstlerfamilie aus Franken. Würzburg, 1977. (Mainfränkische Hefte; 68).

Muth, Karl: Matthäus Schiestl, in: Hochland, 5,1. 1907/08, S. 89 - 91.Nowak, F.: Lehrgespräch mit Fünfzehnjährigen über Schiestls "Blaue Blume", in: Zeitschrift für Deutsche Bildung, 6. 1930, S. 316 - 320.

Oeser, W.: Matthäus Schiestl. Zu seinem 60. Geburtstag am 27. März, in: Vom Staffelberg zum Kordigast. Sonntagsbeilage der "Lichtenfelser Neueste Nachrichten", 5. 1929, Nr. 12

Oßwald, Cajetan: Matthäus Schiestl. 3., verm. Aufl. München, 1924.

Parzeller, Margarete: Die "Blaue Blume", ein Gemälde von Matthäus Schiestl im Lohrer Museum, in: Lohrer Echo, 1972, Nr. 57.

Pater Pirmin Maria: Der Maler Unserer Lieben Frau. (Matthäus Schiestl, † 30. Januar 1939), in: Altöttinger Franziskusblatt, 40. 1939, S. 116 - 121.

Reiser, Karl August: Rudolf Schiestl. Das graphische Werk. Bielefeld (u.a.), 1970.

Rothes, Walter: Fünf zeitgenössische Meister der Malerei. Baumhauer, Dietrich, Fugel, Samberger, Schiestl. München, 1924. (Die Kunst dem Volke/Sondernummer; 4).

Rüther, Jos.: Ein Maler der deutschen Heimat und des deutschen Weihnachtsfestes, in: Trutznachtigall. Heimatblatt für das kurkölnische Sauerland, 6. 1924, S. 257 - 260.

Matthäus Schiestl. Bilder des Meisters mit Verslein. 11. - 20. Tsd. - Höchst-Bregenz, 1924.

Mattheus Schiestl/door K.S. - Salvator-Uitgave. - Beek bij Nijmegen, o.J.

M. Schiestl-Zeichnungen/hrsg. u. erkl. von Cajetan Oßwald. Höchst-Bregenz, 1924.

Schiestl, Matthäus: Ein Maler der deutschen Volksseele (Matthäus Schiestl) / Einf.: Martin Mayr. München, 1925. 10 Taf.

Matthäus Schiestl. Bauern, Ritter und Heilige. Bilder und Worte. München, 1928.

Matthäus Schiestl zu seinem 60. Geburtstag, in: Der Feuerreiter, 1929, Nr. 11, S. 203.

Matthäus Schiestl. Kinder-Büchlein. Höchst-Bregenz (1931).

Matth. Schiestl. Die Briefmarken für Liechtenstein 1937/38 / hrsg. von A. Frommelt. Vaduz, o.J. (um 1938).

Matthäus Schiestl. 1869 - 1939. Eine Ausstellung von Werken aus Tiroler Privatbesitz und aus Beständen der Galerie Kugler & Stockley. Mayrhofen (1986).

Die Schiestls in Franken. Ein Bildkalender für das Jahr 1977 / Text: Werner Dettelbacher. Würzburg (1976).

Schmerl, Sebastian: Matthäus Schiestl +, in: Würzburger Generalanzeiger, 1.2.1939, Nr. 56.

Schmid, Paschalis: Matthäus Schiestl. Zum 50. Geburtstag, in: Sonntag ist's, 4. 1918/19, S. 319 - 326.

Schmid, Paschalis: Todesvisionen des Matthäus Schiestl, in: Sonntag ist's, 5. 1919/20, S. 79 - 81.

Schneider-Ampfing, Frz. P.: Matthäus Schiestl, ein deutscher Malerpoet, in: Heimgarten. Belehrende und unterhaltende Wochenbeilage für "Burghauser Anzeiger", "Dorfener Zeitung", "Inn Zeitung", "Mühldorfer Tagblatt", "Neumarkter Anzeiger", "Vilsbiburger Anzeiger", 3. 1922, Nr.2

Schwemmer, Wilhelm: Heinz (1867 - 1940), Matthäus (1869 - 1939) und Rudolf Schiestl (1878 - 1931), in: Fränkische Lebensbilder, 10. 1982, S. 231 - 238.

Solleder, Fridolin: Matthäus Schiestl, ein deutscher Maler, in: Bayerland, 33. 1922, S. 161f.

Staudhamer, Sebastian: Zu Abb. S. 51 (Matthäus Schiestl: Der Prophet Elias), in: Der Pionier, 3. 1910/11, S. 56.

Tod. Wie der Sensenmann in deutschen Landen Freund und Feind besucht und wie wir ihn aufnehmen / Bildschmuck von Matthäus Schiestl. 2., veränd. Aufl. München, 1925. (Der deutsche Spielmann; 28).

Tristram, Richard E.: Das Münster als Symbol. Mönchengladbacher Motiv im Viersener Schiestl-Bild, in: Rheinische Post. Mönchengladbacher Stadtpost, 31.12.1970.
Weihnacht. Geschichtlein von Lukas Klose. Bilder von Matthäus Schiestl. München, 1919.

Weismantel, Leo: Rudolf Schiestl. 3. Aufl., Berlin, 1926.

Wittenauer, Karl: Matthäus Schiestl, in: Der Weg. Deutsche Monatsschrift für die oberen Klassen höherer Lehranstalten, 4. 1927, S. 160 -162.
Wörndle, Heinz von: Einem Tiroler Bildschnitzer zum Gedenken. (Matthäus Schiestl sen.: 1834 - 1915), in: Die christliche Kunst, 12. 1915/16, S. 22 u. 24.

Zeichnungen und Druckgraphik der Brüder Schiestl. Eine Gemeinschafts-Ausstellung der Städtischen Galerie Würzburg (10. Dez. 1977 - 8. Jan. 1978) und der Stadtgeschichtlichen Museen Nürnberg (18. Febr. - 26. März 1978). Faltblatt mit Verzeichnis der ausgestellten Arbeiten.

Zeichnungen und Druckgraphik der Brüder Schiestl. Eine Ausstellung in Zusammenarbeit mit den Stadtgeschichtlichen Museen Nürnberg und der Städtischen Galerie Würzburg. Tiroler Landesmuseum Ferdinandeum Innsbruck 16. März bis 29. April 1979. Faltblatt mit Verzeichnis der ausgestellten Arbeiten.

## Schriften des Geschichtsvereins Lohr a. Main
## (ab 1976 Geschichts- und Museumsverein Lohr a. Main)

**Folge 1:**
Weigand Waldemar
Aus der Frühgeschichte des Klosters Neustadt am Main. Dez. 1961

**Folge 2:**
Weigand Waldemar
Die Stadt Lohr und ihr Umkreis im Lichte frühgeschichtlicher Forschung.
Lohr, Münzstätte der Grafen von Rieneck.
Dez. 1962

**Folge 3:**
(Schecher Otto, Kuhn Rudolf)
Kloster Neustadt am Main, Versuch zur Ausdeutung von Funden aus dem Abbruch der Klosterruine im Jahre 1961. April 1963

**Folge 4:**
Weigand Waldemar
Münzen und Medaillen der Grafen von Rieneck. Eine münzkundliche Studie zur Lohrer Heimatgeschichte.
Dez. 1964

**Folge 5:**
Ruf Alfons
Sendelbach und seine Kirche. Juni 1966

**Folge 6:**
Weigand Waldemar
Grabdenkmäler und Grabinschriften der Grafen von Rieneck. März 1968

**Folge 7:**
Weigand Waldemar
Hans Gottwalt von Lohr a. Main. Ein begnadeter Künstler der deutschen Spätgotik. Okt. 1969

**Folge 8:**
Schecher Otto
Die Grafen von Rieneck. Zur Geschichte eines mittelalterlichen Hochadelsgeschlechtes in Franken.
Dez. 1969

**Folge 9:**
Kuhn Rudolf
Die Klosterruine Schönrain. Kunsthistorische
Analyse und Würdigung der Baureste.
Dez. 1974

**Folge 10:**
Bartels Karlheinz
Flurdenkmäler im ehem. Landkreis Lohr a. Main, I.
linksmainisch. 1977

**Folge 11:**
Bartels Karlheinz,
Müller-Jahncke Wolf-Dieter
Medizin und Pharmazie in der Benediktiner-Abtei
Neustadt am Main. 1978

**Folge 12:**
Schecher Otto
Lohr-Bibliographie,Heimatkundliches
Schrifttumsverzeichnis zur Geschichte der Stadt
Lohr a. Main.
Teil 1: Publikationszeitraum 1835-1975.
Dez. 1978

**Folge 13:**
Schecher Otto
Lohr-Bibliographie.
Teil 2: Nachträge und Neuerscheinungen bis 1979.
Dez. 1979

**Folge 14:**
Scheinpflug Alfred und Ralf
Über die Geologie des Landkreises Main-Spessart in
der Region Unterfranken. 1979

**Folge 15:**
Schecher Otto
Lohr 650 Jahre Stadt. Beiträge zur Frühgeschichte
der Main-Spessartsiedlung. Aug. 1980

**Folge 16:**
(Bartels Karlheinz, Anderlohr Karl,
Loibl Werner)
Franz Ludwig von Erthal (1730-1795).
Ausstellungskatalog. Sept. 1980

**Folge 17:**
Schecher Otto
Vom (H)Lar-Ort zur Lohr-Stadt. Sept. 1981

**Folge 18:**
Ruf Theodor
Die Grafen von Rieneck - Genealogie und
Territorienbildung. 2 Bände. 1984
(Zugleich Mainfränkische Studien Bd. 32).

**Folge 19:**
Dr. Meyer Otto
Glassplitter - Lesefrüchte zur Geschichte des Glases.
Aug. 1984

**Folge 20:**
Bayerischer Verfassungstag 1983 in
Lohr a. Main. August 1985

**Folge 21:**
Nätscher Eugen
"Älläwäll häds gaschällt" Partensteiner Mundart und
volkskundliche Notizen. 1987

**Folge 22:**
Werner Endres und Werner Loibl
Beiträge zur handwerklichen fränkischen Keramik
Referate des 18. Internationalen Hafnerei-Symposi-
ums des Arbeitskreises für Keramikforschung
31.10.1985 - 3.11.1985 Lohr am Main. 1988